Resumen:

El concepto de Estado de bienestar históricamente, ha ido creciendo, evolucionando, cambiando y adaptándose a las distintas épocas y sociedades. El mantenimiento del mismo y su aspiración de paliar las desigualdades sociales, en ocasiones, es complicado de llevar acabo por las coyunturas e intereses económicos estatales y globales.

Observaremos los orígenes, las distintas vertientes y formas de aplicar políticas que a lo largo de la historia, en mayor o menor medida acorten éstas desigualdades, para poder ofrecer mayor equidad de oportunidades económicas, sanitarias y educacionales a la población de los países occidentales, y cómo afecta la aplicación de éstas políticas a la economía de los distintos países y mercados, y a la inversión privada.

Podremos ser testigos de cómo los distintos gobiernos, instituciones, sociedades, grupos de poder y clases sociales, prefieren un desarrollo mayor o menor del Estado de bienestar, según sus intereses, tendencias, influencias y opciones.

Índice

Introducción

Con el progreso técnico desde las Revoluciones industriales, se multiplicó la productividad a nivel mundial. Este hecho trajo consigo el descubrimiento de nuevos mercados y oportunidades de inversión nunca conocidas hasta el momento. Se generaron grandes beneficios con el dominio de las fuentes de materias primas y la transformación de esos recursos en bienes o servicios.

Éste crecimiento económico no afectó por igual a todas las clases sociales, sino que polarizó aún más las diferencias entre ricos y pobres, creando altas tasas de pobreza, ya que el crecimiento de la población era mayor que el del empleo, y al no poseer capacidad de consumo suficiente, los trabajadores, la producción era mayor que las ventas a un precio que beneficiase al productor, y por tanto prescindía del factor trabajo ya que los stocks crecían de tal manera que no le era rentable producir. Esto producía subir las tasas de paro y crear graves crisis económicas que unidas a la falta de cobertura por invalidez, enfermedad o jubilación, crearon malestar social y distintas revoluciones.

Por ello, y para perpetuarse los gobiernos e instituciones, tenían que frenar este malestar social otorgándoles a la población protección en el desempleo o asistencial, mediante sistemas de seguridad social, sanitarios y educativos que ayudaran a mejorar la situación de bienestar del conjunto de los ciudadanos.

Las posteriores crisis financieras tuvieron efectos parecidos a las anteriores, dado que la especulación y la destrucción de burbujas de inversión acababan afectando a la economía real. Por ello y observando las consecuencias de las distintas políticas de los diferentes gobiernos, se ve necesario abordar la protección ciudadana, y a la vez procurar el funcionamiento de los mercados e incentivo de la inversión privada. Nos interesa saber que políticas son más adecuadas para mantener el bienestar de todos los actores económicos, mediante las distintas corrientes de pensamiento.

La creación del Estado de bienestar

"Hay un cuento japonés que relata como en tiempos pasados se acompañaba a los viejos a lugares lejanos y se les dejaba allí para morir. Un hijo llevó a su padre, lo dejó en un bosque y ando de vuelta a casa. Pero, de repente miró hacia atrás. No pudo soportar la imagen de aquel hombre viejo y se lo llevó a casa de nuevo."[1] Según Constanza Tobío, este hecho quiebra la tradición y usando los recursos que no se necesitan para la supervivencia personal, pueden lograr la de las generaciones anteriores, dando así a sus progenitores, lo que reciben de sus hijos.

Thomas Müntzer conjuntamente con los anabaptistas, en el contexto de la Ilustración, comenzaron a exponer pensamientos sobre un poder de la clase política, utilizado para la obtención del bienestar y aumento de la felicidad de la ciudadanía.

Para Josep Burgaya fueron menos determinantes, para la consecución de estos objetivos, los nombres más conocidos de esta corriente de pensamiento, como Montesquieu, Voltaire y Roseau, que se encontraban influidos por las ideas de individualismo de John Locke, que las personas más extremas, influidas por las ideas de Diderot y del Barón Holbach, que se acercaban a planteamientos sobre un planeta sin religión, en el cual los ciudadanos, no vivieran en una situación de desequilibrio de derechos que existía con el antiguo modelo político.

Diderot sostiene que el que ostenta el poder político ha de preocuparse por todos los ciudadanos, cobrando especial relevancia, el acceso a la educación para todos ellos.

---

[1] Redes familiares, género y política social en España y Francia, Constanza Tobío , 2008

Burgaya comenta, que en el siglo XIX, en Inglaterra, dónde aumentaba la capacidad general de obtener riqueza, con el desarrollo de la máquina de vapor, sin embargo, aumentaba el colectivo de personas con bajos niveles de renta, el Estado comienza a crear legislación que amplia el amparo a los más desfavorecidos, e incrementa la protección que poseían las "leyes de los pobres"[2], haciendo penetrar el pensamiento de "responsabilidad social"(ibid2), hacia los de una economía más perjudicada. En contraposición los defensores de la "responsabilidad individual"(ibid2), que promovían el capitalismo más puro, valoraban estas acciones como una falta de estímulo para las clases humildes de mejorar su posición.

David Ricardo reprobaba la labor del Estado en torno a la defensa de los más pobres, en las cuales se debían inculcar los pensamientos de individualización y suficiencia económica. Promovía la suspensión de las normativas que ayudaban a los más desfavorecidos, dado que desincentivaban su autodefensa. Las asistencias generales, alimentaban la desgana, la apatía, y contribuía a que el crecimiento demográfico se disparase en una proporción mayor a los recursos que poseían.

Thomas Malthus, echaba en cara a la normativa que defendía la asistencia ciudadana, que fomentara un crecimiento de las tasas de natalidad por encima de los valores aceptables, que podrían ocasionar una escasez de alimentos insostenible en el futuro, y formaba parte del problema de las "crisis demográficas" que cíclicamente situaban el número de personas en consonancia con las posibilidades de los

---

[2] Josep Burgaya, El Estado de bienestar y sus detractores, 2015

medios económicos que existían. Estas ayudas lejos de beneficiar a la situación de los más humildes, agravaban el estado del conjunto de los ciudadanos, creciendo la población por encima de la mano de obra necesaria en los inicios de la Revolución Industrial.

Burgaya sostiene que de 1850 en adelante mientras aumentaba el crecimiento económico seguía aumentando la población por encima, creando situaciones de mayor paro y necesidad para un mayor número de personas, lo que suponía el aumento de posibilidades de que se produjeran revueltas. A finales de siglo existía la preocupación de mejorar la situación de estos colectivos.

Cecil Rhodes en 1880 dice que existía un peligro latente que los colectivos en paro formara una rebelión, dictaminando que la situación en la Inglaterra colonial era una "cuestión de estómago".

Burgaya explica que en el caso francés, el interés ciudadano se expresó nítidamente en la Revolución de 1848. Se reclamaba empleo y la producción de "Talleres Nacionales".Existía en esta segunda mitad de siglo una evidente desigualdad entre los burgueses y los obreros. A partir de la formación de Alemania como Estado unificado en 1864, es creado aunque de forma parcial, la primera forma que más se asemeja al Estado de bienestar. Bismark realizó unas políticas dominantes y a la vez indulgentes hacia la clase trabajadora. Creo una estructura de servicios para los ciudadanos y mientras tanto, contenía con firmeza, mediante normas, el avance socialista. En 1883 se creó una estructura sanitaria, en 1884 una estructura de protección a los accidentes laborales y en 1889 protección mediante el aseguramiento en los casos de incapacidad y longevidad.

La Segunda Revolución Industrial

Burgaya comenta que La Segunda Revolución Industrial supuso un cambio en el trato de la mano de obra. La población aumentaba mientras que no se requerían tantos trabajadores e interesaba que aumentase el consumo, para mantener una producción creciente. Suponía un problema que se mantuvo hasta la "Depresión de los años treinta", pagar unos salarios bajos para aumentar las ganancias, hacía que los trabajadores poseyeran escaso capital para consumir, y se producía en exceso para la capacidad de consumo de la sociedad, Keynes observando este comportamiento del mercado afirmo que "había que proteger el capitalismo de sí mismo". En la segunda parte del siglo XIX aumentó y mejoró la producción de bienes y servicios, cualitativa y cuantitativamente. Las potencias industriales que ejemplificaron mejor este crecimiento fueron Alemania, Japón, EEUU, y Rusia, aparecieron también industrias cómo la química, electrónica o del automóvil, y nuevas fuentes de energía pasando del carbón, al gas y al petróleo. También aparecieron nuevas materias primas destacando el acero, el aluminio y el cobre, que ayudaban a aumentar la producción y a rebajar los gastos de traslado de los productos, lo que permitió crear mayores conexiones mercantiles. Los diferentes países buscaban monopolizar sectores y hacerse con la mejor o única fuente de materias primas. Este clima de gran tensión competitiva, tuvo como consecuencia que se produjera la "Primera Guerra Mundial". En este escenario, se implantaron reformas para mejorar las condiciones de vida de la ciudadanía, sobre todo de los parados que incrementaban su número y eran un peligro potencial para la seguridad de los Estados. Se derogaron las normas que impedían el desarrollo de los sindicatos. y esto permitió que pudieran negociar salarios más altos que permitían aumentar la demanda de productos. También el desarrollo de la seguridad social y de la sanidad, suponía el aumento de la capacidad de compra de otros bienes y servicios. Para frenar el avance de ideas de izquierda, se implementaron mejoras para la ciudadanía en los Estados más desarrollados. La AIT creada en 1864, agrupaba y organizaba a los trabajadores para mejorar sus condiciones laborales. El problema de los desequilibrios sociales había dado lugar a la reivindicación de una mayor equidad entre los ciudadanos. Los sindicatos comenzaron a crear influencias de carácter normativo, en España se crearon PSOE (1879) y UGT (1888), y se fundó la segunda AIT en 1889.

Burgaya asevera que la problemática que sufría la sociedad con el capitalismo fue bien entendida por la Iglesia católica. El pontífice Pío IX, difundió una encíclica reprobando a laicos y liberales, que pretendían minimizar el poder religioso, sustituyéndolo por el estatal y poseían una forma de hacer basada en el utilitarismo radical. También criticaba las desigualdades que creaba este sistema económico y que no sólo con caridad se podían solventar los problemas sociales, sino que había que volver a instaurar una mayor ética en las relaciones del empleo y sus condiciones, como el sueldo, la rebaja del tiempo de trabajo, y la supresión del trabajo de menores. Kettler, en Alemania en 1871, fundó Zentrum, un partido político que esgrimía los postulados del catolicismo, y comenzó a asentar las bases de la protección ciudadana.

Thomas Pain, en EEUU, que se dedicaba a la publicidad, comenzó a exponer que los países debían tomar partido en los problemas de sus ciudadanos y tratar de paliarlos, y era el deber de los políticos acometer las reformas necesarias para ello. Los conflictos bélicos eran un lastre para el desarrollo de las civilizaciones, así como el estado de carestía de gran parte de la población, haciendo culpables a los políticos de esta situación y no a los pobres. Entre las soluciones al problema, estaba la abolición de los tributos a las personas que vivían en condiciones paupérrimas, y crear unas tasas impositivas directamente proporcionales al nivel de renta, así como contribuciones al sostenimiento de las familias, aportaciones a las jubilaciones, cobertura a los trabajadores en paro, enseñanza pública y el apoyo dinerario para la independencia de los jóvenes, y comenzó a hablar de percepciones dinerarias mínimas de los individuos.

Absolutismo frente a liberalismo

Trelawny Hobhouse (1864-1929), animó a un esfuerzo al unísono de liberales y laboristas en Inglaterra, para hacer un país más igualitario. En EEUU, John Dewey (1859-1952), filósofo que ayudo a Roosevelt a implantar las políticas económicas del New Deal. Apostaba por la escolarización de todos los ciudadanos, y pensaba que el capitalismo debía ayudar a las masas. Esta corriente de capitalismo social se transformará en básico para realizar la unión política y normativa del estado de bienestar al final la Segunda Guerra Mundial.

Burgaya afirma que los gobiernos con políticas absolutistas consiguieron el apoyo de empresas importantes en sus países en Italia, Alemania y España, que les brindaron su ayuda a cambio de la eliminación de las asociaciones de trabajadores, los sindicatos y los partidos socialistas. Estas grandes organizaciones, al apoyar a estos partidos, vieron mermada su libertad al acoplarse a las doctrinas de estos países, destruyendo, a cambio, la fuerza de los sindicatos y realizando acuerdos muy provechosos, sobre todo en las ocasiones en que estos países elegían potenciar una industria militar. El ascenso al gobierno de Hitler se ocasionó en una situación de crisis heredada del crack de 1929 producido en Estados Unidos, la destrucción causada por la Primera Guerra Mundial, los intereses exorbitados hacia Francia por la guerra e indirectamente a EEUU por su apoyo financiero a este país, y el débil gobierno de su predecesor Weimar. En este contexto, el número de parados alemanes alcanzó los doce millones. Consiguió rebajar el paro con iniciativas de crecimiento industrial demandados por el Estado, obtuvo un gran crecimiento la inversión pública con especial interés en defensa civil y militar. En el periodo de 1933 a 1936, la política alemana procuró conservar el apoyo de las grandes empresas del país con designaciones para puestos económicos en el gobierno de importantes expertos como Hjalmar Schacht y Fritz Reinhardt, influidos por Keynes, realizaron un desarrollo económico mediante inversión estatal subvencionada mediante deuda y la creación de una estructura de bonos para ajustar las subidas de precios.

La crisis económica de 1929

Burgaya declara que en EEUU, el "New Deal" supuso el amparo, la ayuda ciudadana y la participación estatal al servicio de sus ciudadanos, pero no se trataba de algo planeado para acortar las desigualdades sociales de la población, sino que fue una solución tomada por que se precipitó la crisis económica de 1929. En los años veinte, existió una fuerte inversión ciudadana en valores bursátiles y otros productos financieros. Las acciones de multitud de grandes empresas, subieron su valor de cotización muy por encima del valor real y además las empresas para crecer aún más se endeudaron excesivamente con los bancos. Así cuando el miedo se apoderó de la ciudadanía y muchas personas vendieron a la vez las acciones, su precio cayó en picado, en muchas empresas pasaron a valer en torno a una parte de veinte posteriormente a la caída. La financiación de las empresas por parte de los bancos se congeló, se dispararon los impagos, produciendo su cierre y el de muchas sociedades. Esta crisis afectó a la economía real, descendió la producción y el paro aumentó. Posteriormente a la Primera Guerra Mundial la producción había crecido mucho en muchos países, y las empresas de armamento cambiaron sus productos a bienes para la ciudadanía. Muchos nuevos países comenzaron a producir más bienes y servicios, que aumentaron en cantidad y calidad mundialmente. A su vez aumentaba el consumo, pero las crecientes desigualdades sociales, provocaron que este consumo se incrementara en menor medida que la producción de bienes y servicios, creando grandes stocks y haciendo que finalmente no fuera conveniente producir tanto, aumentando los despidos, y rebajando la capacidad de consumo de los ciudadanos, haciendo que fueran necesarios menos trabajadores, y así sucesivamente en un círculo vicioso. En esta situación el presidente Hoover, durante los tres años posteriores al crack, tomó unas decisiones desacertadas, como aumentar los impuestos lo que congeló aún más el consumo.

Posteriormente a su mandato, ascendió al gobierno el presidente Roosevelt. Su equipo de gobierno lo formaron titulados universitarios de Colimbia y Hardvard. Acometió cambios en la situación de los bancos, dejando caer a los más débiles, y dotando crédito a los que poseían economías más saneadas. Se dotaron de ayudas a los más necesitados y a los parados. El gobierno elevó su participación y control del sistema económico, creando planes en la agricultura, para evitar que se desatendieran las explotaciones agrícolas, un plan de obras públicas, que pretendía hacer al sector industrial más eficiente, disminuir el tiempo de trabajo y hacer que los precios volvieran a subir. Se legalizaron los sindicatos y se estableció un salario mínimo, las condiciones de jubilación, y restringió el empleo de los menores. Se permitió que varias empresas controlaran los suministros y los precios de los productos que habían caído notablemente. También se creó un sistema de Seguridad Social, con aportaciones de empleados y empleadores.

Burgaya sostiene que estos planes permitieron conseguir alrededor de cuatro millones de empleos. Se logró disminuir el desempleo, del 25% al 17%, a pesar del crecimiento de la población en tres millones de personas de 1929 a 1938. También se logró recuperar el nivel productivo posterior al "crack". La producción armamentística en la Segunda Guerra Mundial, supuso. Posteriormente a la Segunda Guerra mundial, los Estados del Oeste de Europa se ponen de acuerdo para sentar las bases del Estado de Bienestar en los cuarenta años siguientes. La catástrofe humanitaria y de bienes que produjo la guerra, dejó marcada a la ciudadanía y los Estados quisieron que volvieran a sentirse respaldados por ellos y seguros. Había que reconstruir todo y ofrecer buenos servicios a los ciudadanos, para evitar tendencias de la población a apoyar otras formas de gobierno, como el comunismo, ya que a Rusia no llegaron las consecuencias del "crack" de 1929, y habían repelido la incursión Alemana y contraatacado hasta la ocupación de la mitad de Berlín. Un gran número de Estados europeos del Este, planteaban formar este tipo de gobiernos teóricamente igualitarios. También se pudo observar que en los países con regímenes totalitarios, interviniendo el Estado en la economía, habían logrado mayor igualdad entre los ciudadanos y combatir eficazmente el paro hasta llegar en algún caso al pleno empleo. También el intervencionismo en las democracias había logrado mayor igualdad social y minimizar las protestas y disturbios de las clases más humildes.

Socialdemocracia y comunismo

Burgaya opina que para conseguir implantar el estado de bienestar, debía llegarse a acuerdos beneficiosos para todas las clases sociales, y para su realización había que aplicar unas tasas impositivas elevadas. Keynes explica que para que el capitalismo se pueda sostener en el tiempo, y los mercados funcionen, es necesario que los países asuman un papel de responsabilidad, y sean y puedan frenar la especulación salvaje y redistribuir la riqueza. Hacia estas ideas se dirige lo que se llamará la "socialdemocracia". Con la Revolución Industrial el capital y el patrimonio eran un reflejo de lo que valía un individuo, y el egoísmo personal era el motor de las sociedades para tener una mayor productividad. Los obreros cada vez poseían peores condiciones de vida, mientras que la burguesía conseguía enriquecerse más. Las mejoras laborales respondían más a una cuestión de dignidad y mantener su existencia, que a exigencias desmedidas, pretendían un reparto más equitativo e la riqueza que generaban con su trabajo. La democracia social pretende anteponer el colectivo al individuo, dado que el capitalismo había creado unas condiciones de exageradas diferencias entre los niveles de vida de las clases sociales. La socialdemocracia, creía en que la humanidad anteponía la ayuda y al apoyo mutuo a atender cada persona sus intereses particulares. La prosperidad de la persona estaba ligada a la prosperidad del colectivo.

En el "Manifiesto comunista" escrito por Karl Marx y Friedrich Engels en 1848, se aspiraba a la revolución social, pretendiendo implantar una igualdad social. Pretendía destruir el capitalismo, mediante un modelo de país con un poder central, a diferencia de el movimiento contemporáneo anarquista que pretendía destruirlo junto al Estado. Marx auguró el colapso del capitalismo, con la crisis del sector secundario de 1873, tras la recuperación en 1896, sus teorías perdieron bastantes adeptos. En su lugar siguieron tendencias dedicadas a suavizar los efectos de desigualdad que el capitalismo infligía en la sociedad, y así nacieron las socialdemocracias.

Edward Berstein, en Alemania publicó "Las premisas del socialismo y las funciones de la socialdemocracia", a diferencia de Marx, no veía el socialismo como un destino inexcusable, sino algo que decidir con el apoyo de la mayor parte de los ciudadanos. Estado y sindicatos debían balancear la situación de desigualdad que creaba el capitalismo. El socialismo podría hacer que se extendiera al conjunto de la sociedad las ventajas que ofrecía al individuo el capitalismo. El orientar el movimiento de socialista hacia estos objetivos aunque no se consiguiera ya era un gran avance, según sus palabras: "El objetivo del socialismo no significa nada para mí, el movimiento, en cambio, todo"[3]. A su parecer el marxismo se centraba demasiado en cuestiones económicas, mientras que históricamente más factores explicaban la situación de la humanidad. No trataba a los burgueses como un todo sino que veía diferencias entre sus componentes, algunos de los cuales sí eran capaces de adherirse a cambios progresistas, sobre todo la burguesía media y los trabajadores cualificados que empezaban a crecer en número.

Burgaya declara que el Partido Socialdemócrata Alemán (SPD), no siguió esta corriente de pensamiento, sino que se acercaba más al marxismo. Ferdinand Lassalle, aunó a los colectivos más afines a sus ideas en la Asociación General de Trabajadores Alemanes. El sindicalismo de Lassalle manaba del que había ayudado a Bismark para la fundación de Alemania. Marx lo criticó por no poseer miras más allá de su país en la igualdad de derechos sociales. Bismark retiró de la legalidad el SPD en 1878, y no obtuvo permiso para ejercer hasta 1890. Con un discreto 18% de votos, pasó a ser la referencia de los partidos socialistas en Europa. En 1912 obtuvo un ascenso, acercándose al 35% de los votos. Consiguió una gran aceptación realizando reformas ciudadanas de gran calado, y no se temía que pudiera protagonizar una rebelión contra el capitalismo.

---

[3] Edward Berstein

En Inglaterra, en 1908, en el Partido Laborista se alinean sindicatos de gran calado social, y algunas elites formadas por académicos. Realizaron moderados cambios sociales progresivamente, y sirvió como espejo para partidos socialistas de otros estados. Se servían de la legitimidad que les otorgaba la democracia para ir mejorando las condiciones sociales en vez de buscar un enfrentamiento por la fuerza con la burguesía. El ala irlandesa del partido comenzó a radicalizarse, y desembocó en la huelga de 1848, que supuso un notable fracaso. A partir de ahí los sindicatos se separaron del partido, negociando con el partido que ascendiera al gobierno.

Webb en "Social en Inglaterra" sostenía que el sistema democrático debía influir en la economía de forma que se que se beneficiase al conjunto de los ciudadanos y no a los individuos por separado. Se hicieron comunitarios de forma gradual medios de producción, transporte, los terrenos y los hogares. Se legisló sobre las defunciones en el ligar de trabajo, el empleo infantil, se crearon escuelas y sanidad públicas y unas tasas impositivas que aumentaban en una relación directamente proporcional al nivel de renta.

En Francia el alzamiento de 1871, menciona Burgaya, servirá como referencia para la actividad de las corrientes ideológicas afines a los trabajadores, y del socialismo francés. En Francia la corriente socialista estaba escindido en varios sectores enfrentados entre sí. Los sindicatos se encontraban separados de las agrupaciones políticas. Proudhon y Blanqui y sus tendencias anarquistas influenciaron bastante a la izquierda francesa y a comienzos del siglo XX, se convocó una huelga para terminar con la economía capitalista.

También influye en la disimilitud con otros estados de su entorno, que en Francia el proceso industrial avanzó pausadamente, imperando las fabricas reducidas. En la corriente socialista francesa había una notable influencia del comunismo, lo que complicaba su cohesión, que no tendría lugar, hasta 1905, obligada por la Internacional, cuya formación se llamaría Sección Francesa de la Internacional Obrera (SFIO), que aumentó notablemente sus votos en un corto período de tiempo obteniendo 51 diputados en 1906, 76 en 1910 y 103 en 1914.

Los movimientos socialistas italiano y español, sentencia Burgaya, se produjeron posteriormente a los de Gran Bretaña, Alemania y Francia. En Italia comenzó a adquirir importancia en 1892 con la creación del Partito di Lavoro Italiano. Su ideología combinaba el patriotismo con la puesta en marcha de cambios sociales comedidos. El caso español con un tejido industrial repartido en unas pocas provincias y una corriente anarquista bastante importante en algunos sectores de los trabajadores, redujeron el desarrollo de las tendencias socialdemócratas, hasta la creación del PSOE aunando la tendencia Republicana y socialista o tomo forma, y no tuvo excesivo peso hasta 1916 en el momento que Manuel Serra y Moret lo lideró y cobro mayor importancia con la fundación de la Federación Catalana del PSOE, sobre todo a partir de 1923 cuando apareció la Unión Socialista de Cataluña.

En Rusia la rama más radical del socialismo, se impuso a los más moderados, que terminaron actuando en la Revolución de 1917. Los Mencheviques preferían un cambio más moderado contando con los burgueses, pero acabaron triunfando los apoyados por los agricultores, los Bolcheviques. Los gobiernos que estaban en desacuerdo con la Primera Guerra Mundial, sostenían que se producía para culminar el colonialismo, y crear enormes imperios fundamentados en el capitalismo extremo. La unión supranacional de la clase obrera se comenzó a desvanecerse al tiempo que se acercaba la confrontación armada. Aún diciendo no querer la guerra, el socialismo en Alemania y Francia la financio el armamento de la nación. En Italia los gobiernos socialistas se opusieron a la guerra, pero posteriormente aceptaron participar.

En este contexto sociopolítico, entiende Burgaya que se produjo la revolución rusa de 1917, el descontento ciudadano fue en aumento por una guerra entre potencias afines al capitalismo, donde 12 millones de rusos murieron del total de 20 que se cobró la guerra. Esto supuso un enorme respaldo a los Bolcheviques, que pretendían sacar al país del conflicto al llegar al poder. Con el éxito revolucionario, al terminar la guerra, no se contemplaba que miembros más moderados formaran parte del partido que protagonizó la revuelta y crearon el Komintern, fundando partidos con similar ideología en treinta y siete países. Así comenzaron a escindirse los partidos socialdemócratas europeos de los partidos revolucionarios marxistas. De 1920 a 1930, la socialdemocracia ascendió al poder en varios países europeos, por sus políticas comedidas y prácticas, separados ya del marxismo, incluso combatiéndolo en ocasiones, sobre todo en Alemania dónde el grupo más extremo del SPD tuvo una tentativa de revolución armada, que el resto del partido disipo fuertemente. Este partido se convirtió en el principal en la república de Weimar. La inflación en este período subió mucho, por los intereses de la guerra, la reconstrucción y el gasto público, pagados en gran medida mediante la creación de moneda.

Informe Beveridge

Ignacio Sotelo asevera que en 1941, el Ministro Británico de la Reconstrucción, William Beveridge, publicó un informe con pautas para mejorar el sistema de Seguridad Social. Ignacio Sotelo, explica que este informe tiene como pilares; las demandas de cada sector productivo, no deben impedir la toma de decisiones. La seguridad social tiene un papel principal en el desarrollo social, y no tiene que financiarse sólo por el país, los trabajadores han de contribuir a su mantenimiento, así cómo por los empresarios. El sistema no ha de frenar la mejora individual de las condiciones, pero sí establecer una base para todos. Ha de ser accesible para toda la población, Se ha de facilitar a todos los ciudadanos una percepción mínima de rentas.

Los regímenes absolutistas

Burgaya afirma que cuando los partidos dictatoriales consiguieron gobernar, se persiguió a los socialdemócratas en esos países, pasando a ser exterminados y sumidos en la ilegalidad. Los Frentes Populares se convirtieron en la última representación revolucionaria en muchos países, pero sus proyectos eran de difícil implantación en un contexto de falta de liquidez de los estados. En la década de 1930 las desavenencias con los moderados eran infranqueables, los primeros veían el sistema democrático cómo un instrumento de la burguesía para perpetuar sus privilegios y engañar a los trabajadores, y los segundos cómo un motor para el cambio que beneficiara a la mayoría de los ciudadanos, también los radicales querían eliminar la libertad personal para conseguir la igualdad general y los moderados pensaban en que la libertad debía existir pero con unas condiciones mínimas de igualdad para todo. Por esta causa los radicales pensaban en un sistema de clases enfrentadas en la sociedad, mientras que los moderados no diferenciaban entre clases tan definidas sino en varios colectivos con intereses diversos. El marxismo pretendía la internacionalización de la defensa de los trabajadores, mientras las socialdemocracias defendían los intereses de los ciudadanos del país a donde correspondieran, que no siempre tenían las mismas características y problemas. Las organizaciones marxistas gobernaban mediante un grupo reducido de personas, con una estructura que determinaba mucho los rangos y se comportaba como mano ejecutora de la clase trabajadora. Los partidos socialdemócratas no poseen una estructura tan rígida, y no sólo representan a los trabajadores sino al conjunto de los ciudadanos.

En 1945 la izquierda y la derecha política habían sufrido muchos cambios con respecto a cien años atrás. Las diferencias se estrecharon, ya nadie pretendía volver al absolutismo, ni unos se ponen en el extremo de la autarquía y otros del libre comercio, sólo se diferencian en los niveles que desean aplicar. Unos quieren mayor libertad de la persona mientras que otros quieren favorecer más al colectivo. Se diferencian en el grado de influencia de la religión en la sociedad del país, diferencias en las tasas impositivas, pero también poseían similitudes, como igual énfasis en la defensa de la seguridad, mayor capacidad de llegar a acuerdos de ambos, mayor moderación en las posiciones y métodos de ascenso y mantenimiento del poder (evitando golpes de estado o llegadas al poder totalitarias o revolucionarias) y la realización de políticas sociales que dieran ventajas a la ciudadanía que les alejaran de pensamientos revolucionarios o totalitarios.

La Alemania más tradicionalista, posee dos vertientes que parten de Hegel una es la Unión Cristianodemócrata, y otra la que destruye la democracia, el nazismo. Hegel compatibiliza el liberalismo económico con el estado tradicional, con unos principios religiosos que están sobre los ciudadanos. El estado salvaguarda estos principios, de forma autoritaria y absoluta, aunque también establece una protección ciudadana mínima.

Stein, uno de los ideólogos impulsores del cambio del Japón tradicional al librecambista, la población se divide en distintos estratos, que poseen intereses opuestos. El gobierno ha de establecer su poder sobre estos estratos, y hacer que uno no prevalezca sobre el otro. Para ello balancea la economía para que no se produzcan grandes diferencias entre las clases sociales, y así no se produzcan rebeliones. El máximo exponente práctico de esta doctrina es el de Alemania gobernada por Bismarck, que posteriormente se renueva con la eliminación de la monarquía por la república. Este sistema de derecha moderada, es el que promulga Stein, y en la década de 1930, la Escuela de Friburgo, influye con su idea de una economía capitalista que se preocupe más de la estabilidad económica de sus ciudadanos. En Francia, la cuarta república, comienza con un gobierno conservador moderado, que se desmarca de la religión. En esta línea Comte planteaba una derecha con miras hacia delante y no hacia atrás, un estado dominado por unos pocos, que guíen con mano suave y firme a sus ciudadanos. Se oponían a lo ocurrido en la Revolución Francesa.

La democracia cristiana comenzó a extenderse a partir de 1945, sobre todo en Alemania e Italia. La Iglesia quiso actuar contra el retroceso de la cristianización de los ciudadanos. Para ello publica encíclicas en 1891 y 1941, reafirmando su preocupación por las clases populares, y creando asociaciones de trabajadores cristianos. Jaques Maritain, tiene un peso importante en este movimiento,, sobre todo con su libro "Humanismo integral", que recoge postulados cristianos como el de la solidaridad, En Italia es dónde más influye esta tendencia, El partido Democracia Cristiana Italiana (DCI) ascenderá al poder italiano manteniéndose en el cerca de cuarenta años.

Tony Judt opinaba que estos partidos querían sacar rédito político de la situación de inseguridad e inestabilidad de la población, otorgándoles ilusiones de cambio. Estos cambios eran de índole moral y ciudadana, reflejando que un partido conservador también podía favorecer a los más humildes. La familia era su eje principal, y aprovecharon notablemente el sufragio femenino. Estos partidos fueron muy importantes también en Bélgica, Holanda y Austria hasta 1970. En EEUU Abraham Lincon también posee rasgos religiosos más extremos, en el seno del Partido Republicano. Este partido se reinventó en 1858, siendo de tendencia más progresista que los demócratas, pero posteriormente fueron siendo más conservadores. Varios presidentes de este país, y sus partidos otorgaban a las instituciones americanas una supremacía moral sobre el resto, exportando y muchas veces imponiendo sus ideales en otros países. Poseen elevadas dosis de patriotismo, tradicionalismo y moralismo.

El keynesianismo

Manifiesta Burgaya que John Maynard Keynes, economista inglés, tuvo un gran peso en la economía del siglo XX, fundamente notable en la construcción del Estado de bienestar, añadiendo el ánimo de conseguir mas igualdad entre los ciudadanos, la demostración de que el Estado de bienestar es sustentable financieramente, y según comentaba, "proteger al capitalismo de si mismo". El Estado ha de participar en la economía, sostiene contradiciendo a los economistas antiguos, que la economía no se regula sola, y para evitar las desigualdades que producen en la población, y minimizar el efecto de las crisis. Pasa de centrarse la economía en la oferta a centrarse en la demanda. Se centró en la demanda más que en la oferta como anteriormente se hacía. Mantuvo una visión ética de la economía, viendo a la economía como un medio para conseguir cosas y no un fin en si misma, hacía que la economía fuese lo más sencilla y entendible posible para todos. Acertó al pensar Alemania no sería capaz de pagar la deuda impuesta en la Primera Guerra Mundial. Su visión era la de practicar el libre comercio en Europa. También estaba a favor de la creación de un banco central europeo, con un sistema que regulara la cotización de las diferentes monedas. La difícil previsión de la economía hizo que Keynes la estudiara cómo podía comportarse el mercado en intervalos de tiempo breves. Se centra sobre todo en analizar el paro y la utilidad de el dinero. En la situación de pérdida de productividad británica después de la Primera Guerra Mundial, reclamó que se tuviera una política monetaria más prudente, para lograr que se estabilizaran. Se opuso a volver al modelo del valor monetario del oro, cuando se realizó en 1924 en Gran Bretaña lo criticó duramente, y el aumento de paro confirmó sus sospechas. En 1929, el Partido Liberal, se basó en sus teorías y propuso realizar obras públicas para modernizar el país y terminar con la desocupación.

Ante esta corriente de pensamiento, hubo otra corriente liberal que sostenía la intervención del Estado en la economía. Augusto Von Hayek, perteneciente a esta corriente, no pudo con la preponderancia del keynesianismo. En los ochenta y noventa tuvo gran éxito como abanderado del neoliberalismo. Estuvo influido por Ludwing Von Mises, que sostenía que el Estado Social y sus políticas suponían un "destruccionismo" Ambos defienden que, con posterioridad a la Primera Guerra Mundial, varios estados podrían mejorar su situación a largo plazo mediante el incremento de su base monetaria y los préstamos dinerarios, políticas que hicieron subir la inflación y fracasaron generando desocupación. Hayek piensa que el keinesyanismo se interesa demasiado por la variación de los precios, no tan importantes para él, y que, cuando comienza una etapa de crecimiento económico, se da por que existen tipos de interés reducidos, por producirse un ahorro demasiado elevado, que hace que disminuya la producción de los bienes de consumo inmediato y aumente la de los bienes de consumo duradero. La situación del mercado en este contexto se estabilizará produciéndose una crisis. El coste de los bienes y servicios, comunican muchos datos y situaciones de los mercados. Esto se destruye cuando los estados intervienen estableciendo los precios, y atenta contra la libertad personal, estableciendo problemas y terminando con la democracia y los derechos de la población. En su opinión la economía ha de regularse por sí misma. La libertad no es inherente al ser humano sino que se consigue tras un proceso evolutivo, y las leyes y cultura se pueden eliminar cuando ya no son prácticas. Estaba en contra del tradicionalismo, por su inmovilismo y su falta de evolución en la técnica y la ciencia, su tendencia a la negatividad, y su baja valoración del talento del individuo. La defensa de la propiedad privada y los contratos son normas morales básicas. Las diferencias sociales son algo natural, cada persona es diferente a otra, con unas cualidades diferentes, y una adaptación y rendimiento concretos en la "sociedad de mercado". Es bueno que existan estas diferencias para cubrir los distintos lugares que ocupar en el mercado. La igualdad choca con la libertad personal, no se puede tratar a personas con capacidades distintas de igual manera.

El Estado de bienestar en España

Para el economista, Gutiérrez Junquera, en España el Estado de bienestar comienza en 1939, al inició del gobierno de Franco, su forma de hacer política era protectora y dominante. El Estado de bienestar, a nivel de organismos, comenzó a surgir en 1960, cuando se eliminaron aranceles con el Plan de Estabilización. Se impulsó la evolución de la industria, la formación de los empleados y crecieron las rentas intermedias. La Ley de Bases de la Seguridad Social de 1967, se cambió la organización de las mutuas, que era bastante deficiente y con escasa asistencia. Según Rodríguez Cabrero, economista, el gobierno impedía a grupos ciudadanos organizarse, y que pudieran participar en la política y organizar mejoras sociales, la recaudación impositiva, no se hacía gravando más a las rentas más altas, lo que dificultaba que se pudiera repartir la riqueza de forma algo más equitativa, surgiendo desigualdades notables, según Junquera, el gasto en prestaciones y asistencial aumentó del 9,7% del PNB en 1960, al 13% en 1975, siendo bajo si lo comparamos con la media de los países de la UE, que se situaba en el 33,8%. Para Vicenç Navarro, sociólogo y politólogo, esto ha contribuido a retrasar el Estado de bienestar español durante los años posteriores.

Manuel Sánchez de Dios afirma que el reparto de la riqueza en España se comenzó a producir con la llegada de la democracia en 1973, mientras se producía la "crisis del petróleo", lo que supuso que mientras se creaba el Estado de bienestar en España se destruía en el resto de Europa. Por ello al tiempo que se modernizaban las prestaciones sociales y el sistema económico y también hubo elevadas tasas de desocupación. El entendimiento entre los distintos partidos políticos, facilitó el desarrollo del Estado de bienestar, resultó mas barato e implicó los esfuerzos de todas las formaciones políticas y sindicales. El pacto de la Moncloa de 1997, abordaba el objetivo de regular la economía, y en 1978 se aprueba la Constitución.

Para el sociólogo Francis Castles, Hubo algunos pactos en los primeros años de la democracia, sobre todo para frenar la subida de los precios, generalmente congelando salarios, y para regular las condiciones de los trabajadores y los convenios colectivos con el

Estatuto de los Trabajadores en 1980. Los pactos entre representantes de los sindicatos y de los empresarios, no fueron firmados por un amplio sector, y tampoco la dirección institucional era muy eficiente.. Al principio de la democracia la afiliación sindical era del 28$ pero esta implicación fue ilusoria, dos años después se situaba en el 13%. La CEOE solo tenía carácter de oposición a los sindicatos, sin mucha fuerza, al igual que las formaciones políticas. El marco normativo e institucional de reparto de la riqueza fue dirigido sin el apoyo de la mayoría de los actores sociales, son por el acuerdo de los partidos políticos. A veces decisiones difíciles cómo reducciones salariales se tomaban por consenso de los partidos.

Manuel Sánchez de Dios observa que también los sindicatos opinaban que tenían un papel clave en los pactos alcanzados con los distintos gobiernos y la patronal. El gasto ciudadano se aumentó notablemente con la democracia, llegando al 22,6 del PNB, sobretodo por gasto en paro, consecuencia de la crisis del petróleo, seguido de las pensiones, que se instauraron de manera global para las rentas medias y los trabajadores del sector primario. Se trató de que la sanidad y la educación cubrieran a la mayor parte de la población. Mediante el IRPF (1997) se gravó con mayor carga impositiva a las rentas más altas y se comenzó a dotar de mayores competencias a las comunidades autónomas. En el período 1982-1996, gobernó el PSOE, partido de corte más progresista en que pudieran acceder a los servicios públicos todos los ciudadanos, y otras políticas de corte más conservador, dedicadas a mantener unas pensiones, prestaciones por desempleo y asistenciales de baja cuantía, ya que tenía que hacer un gasto moderado para poder entrar en la UE. También por esta causa tuvo que abrir sus mercados, sobre todo hacia Europa. En 1982, las medidas tomadas por el gobierno fueron,; producir poca moneda, aplicar mayor gravamen impositivo a las rentas mas bajas, y se frenaron los gastos y las deudas estatales. También se mejoró la industria nacional, las condiciones laborales y se aumentaron la logística y el personal público. En 1985 el IRPF gravó más a las rentas altas que a las bajas, y el IVA entro en vigor en 1986. Un conjunto de empresas fue privatizado lo que incentivó la inversión privada y también se trató de acelerar la economía mediante inversión pública. Los ingresos aumentaron por los nuevos impuestos, y en los noventa la deuda del país se congeló. Se invirtió en más logística y en educación con especial dedicación a la formación profesional, siendo el gasto educacional del 3% del PNB en 1985, al 4,3% en 1995. La mejora del sistema sólo lo apoyaron los votantes del partido, ya que no había sindicaros ni patronal con fuerza suficiente para negociar acuerdos de calado a nivel nacional y provincial.

Manuel Sánchez de Dios declara que un aspecto especial de la etapa socialista fue la política laboral. Su camino estaba determinado por una alta tasa de desempleo estructural bien conocido de la economía española y que establece un factor contingente que puede perturbar fácilmente un momento de equilibrio. De hecho, es reconocido de manera general que la economía española no puede alcanzar fácilmente la condición de pleno empleo, recalcándose que el caso español «representa un caso extremo en el escenario europeo.» En los ochenta y en los noventa el desempleo aumentó, primero, porque muchos jóvenes llegaron al mercado de trabajo por al boom de natalidad en los años sesenta; segundo, porque empezó la integración de la mujer en el trabajo y, tercero, por la reforma económica con la que está vinculado el problema de la baja cualificación de los trabajadores. La falta de formación profesional ha sido uno de los grandes inconvenientes para la creación de empleo. Asimismo hubo dos fases de crisis económica, una al principios de los ochenta y otra después de 1992. Los programas de consolidación y actualización junto con la elevada tasa de paro, llevaron al PSOE a relacionarse con los empleados a través del control salarial y la flexibilización del mercado laboral.

El politólogo Manuel Sánchez de Dios, asevera que, en 1984 se aprobó una nueva ley laboral que admitía los contratos a plazo y a tiempo parcial. El efecto de esta reforma fue una división de los trabajadores en dos grupos. Uno, formado por los trabajadores bien retribuidos, cuyos salarios se determinaban en la negociación sectorial. Estos trabajadores gozaban de contratos indefinidos con cláusulas de rescisión desmejoradas y, a la vez, eran empleados sindicados. El otro conjunto es el de los trabajadores en los sectores de riesgo, que pueden ser despedidos a bajo coste sin dificultad, que tienen contratos a plazo y no hay muchos afiliados sindicales. Muchos de estos trabajadores son mujeres. Las grandes empresas contratan trabajadores del primer grupo, y las pequeñas y medianas empresas contratan del segundo. Una nueva reforma laboral en el año 1994 aumentó la flexibilidad laboral admitiendo nuevas formas de contratos temporales. La política económica del gobierno del PSOE tuvo mucho éxito al progresar el crecimiento económico, el desarrollo y la competitividad de la economía, ocasionando la modernización del sistema. Asimismo, ello dio la posibilidad de demostrar que no había incoherencias entre una política de intervención directa o regulativa para promover la competitividad de la economía, con el proceso de privatizaciones y, si fuera necesario, con cierta desregulación y flexibilidad. Sin embargo, la política socialista no fue capaz de acabar con el problema estructural del paro y tuvo los efectos no intencionados de aumentar la alta tasa de parados de larga duración y de dividir el mercado de trabajo entre empleo estable e inestable. La política social de los socialistas continuó, la tendencia liberal reformista de la etapa de la transición, enriqueciendo los programas universales de acuerdo con el plan de establecer los servicios del bienestar social como derechos sociales y como parte del proceso modernizador. El gobierno del PSOE se singularizó por la universalización de los programas. La diferencia más significativa respecto del periodo anterior fue que éstos terminaron generándose principalmente por el sector público, lo que es un factor que impuso y sirve de refuerzo de una trayectoria tradicionalmente socialdemócrata. En esta etapa hubo un aumento regular del gasto social que era del 22,6% del PNB en 1982 y alcanzó 27,7% en 1995. Complementariamente, parte de la gestión del bienestar se transfirió a los gobiernos regionales, de tal manera que en 1996 el 63% del gasto en educación y el 60% del gasto en sanidad estaban descentralizados.

Manuel Sánchez de Dios contempla que desde 1993 hubo un gobierno socialista minoritario y también fue incluida una nueva política económica basada en los acuerdos del Tratado de Maastricht. Con el propósito de reducir el déficit público al mismo tiempo que se universalizaban los servicios públicos, este Gobierno comenzó a aumentar las prestaciones de tipo asistencial, en una trayectoria por la que se intentaba llegar al mayor número posible de beneficiarios pero con la clase de beneficios más económica posible. Exclusivamente el desarrollo de los subsidios asistenciales, que es un tipo de programa orientado a combatir la pobreza severa (75% del salario mínimo), estuvo muy relacionado con la evolución del paro. Así, mientras que el 18% de los desempleados subsidiados percibían estos subsidios en 1982, en 1995 alcanzaban al 57%. Con el gobierno socialista hubo una reforma importante en educación. Se fijó el autogobierno de las universidades en 1983, la participación democrática en las escuelas en 1984, la educación básica empezó a ser obligatoria y gratuita hasta la edad de 16 años bajo una nueva estructura en 1990. La enseñanza pública también se reforzó mediante el aumento del número de escuelas. El sistema sanitario también tuvo una reforma importante tanto en organización como en descentralización. En 1986 entró en vigor una nueva Ley General de Sanidad que fue decisiva para la creación de un servicio social. Aconsejado por los ejemplos británico e italiano se formó un Servicio Nacional de Salud. Se puede pensar que la política social del gobierno socialista tuvo un impacto positivo en el crecimiento de los derechos sociales y como parte del proceso de modernización, cuya meta era colocar a España en línea con los estándares europeos. Hubo una generalización de servicios en sanidad, educación y pensiones de jubilación y se prosperó hacia un gran sistema de protección de los parados. La sanidad fue la política más relevante para la redistribución y la producción de igualdad social. Es reseñable que la sanidad, prácticamente en su totalidad, y la educación, en gran parte, se gestionan desde el sector público como servicios sociales universales. Es indudable que desde la visión socialdemócrata la política social del gobierno del PSOE ha contrapesado los efectos negativos de la política laboral. Que la política social se haya generado en una rápida secuencia por un gobierno socialdemócrata ha sido un elemento muy importante de su actual naturaleza igualitaria y también de su gran progreso, que se observa al contrastar el caso español con otros modelos que emergen recientemente. Para evaluar la política económica y social se puede decir que hay evidencia de que, a diferencia de otros países de la OCDE, en esta etapa en España hubo un crecimiento de la renta personal y una reducción de la desigualdad económica a la vez que una gran redistribución económica, mayor que en ningún momento histórico anterior.

Manuel Sánchez de Dios señala que desde 1996 se ha dado en España un gobierno de centro derecha. El gobierno del Partido Popular era minoritario en un principio, pero desde el año 2000 es mayoritario. Sus políticas económica y social han sido definidas en gran parte por los acuerdos de la Unión Monetaria Europea, que han empujado a la continuación de la tendencia de los últimos gobiernos socialistas del control del déficit y del gasto público. Por otra parte ha habido un aumento de la actividad económica que se ha asegurado en los últimos años y ha significado un importante aumento del empleo y del ingreso público, con bajos tipos de interés y todos los beneficios de una economía con una gran fortaleza. Con el Partido Popular empezó una fase de cambio en el Estado de bienestar con una importante reforma inicial del mercado de trabajo en 1997, remodelando el trabajo temporal, lo que ha tenido como conclusión que el número de contratos temporales ha aumentado rápidamente llegando a una cantidad de más de 11 millones en el año 2000 publicó el Anuario El País. Según Manuel Sánchez de Dios, por este motivo el problema del desempleo y sus efectos sociales ha disminuido de una manera importante. Además el sistema de pensiones se reformó en 1997 fundamentándolo en un acuerdo anterior de los partidos políticos en 1994, el Pacto de Toledo. Las pensiones contributivas se han protegido contra la inflación; también, las condiciones para conseguir los derechos se han asegurado y también se ha comenzado a estimular fiscalmente el desarrollo de las pensiones privadas. El nuevo camino que se quiere comenzar se perfila sobre todo en la sanidad y educación. Los gobiernos regionales han dilatado el gasto en salud y han incluido cambios para mejorar la calidad gracias a una nueva Ley de 1997, que ha dado la posibilidad de gestión privada de los centros sanitarios gracias a fundaciones públicas como factor importante. Además se ha instaurado la elección libre del médico de asistencia primaria. En educación hay una nueva tendencia que lleva a reforzar la posición del sector privado a través de la financiación pública del mismo por medio de centros «concertados». En política fiscal se han incluido ciertos cambios para mermar la progresividad impositiva. Una nueva ley de 1998 ha fortalecido la relevancia de los impuestos indirectos y ha modificado el impuesto de la renta. Asimismo se ha seguido con el proceso de privatización de las empresas públicas. La liberalización económica, se ha basado en el propósito de que más empleos, incluso siendo temporales, tienen que aumentar el bienestar social. Mientras tanto el gobierno del Partido Popular ha disminuido la redistribución por la vía de las reformas fiscales y las modificaciones en el sistema educativo.

Decálogo de John Williamson

John Williamson, economista, publicó en 1989 publicó lo que definía cómo "Lo que en Washington se entiende cómo política de reformas", sobre todo orientado a países en vías de desarrollo, para que pudieran impulsar sus sistemas. Defiende que es más eficiente la dirección privada que la pública, debiendo ocuparse hasta de los sistemas más necesarios, y no influir mucho para frenar la pobreza y el deterioro medioambiental. También es adecuado eliminar barreras de entrada de las economías emergentes para así incentivar la inversión exterior. Esto permite obtener capital para poder financiar la producción propia, y dar salida a otros países de sus productos y servicios con mayor competitividad. Estas situaciones anteriores, favorecerían que la riqueza alcanzara a todos los estratos sociales. Dándose éstas circunstancias comienza su decálogo.

1.- Ajustar mucho el gasto público para evitar deudas.

2.- Dentro del gasto público, procurar realizarlo en las materias que permitan mayores beneficios cómo en sanidad, educación e infraestructuras, en detrimento de el gasto en personal e instituciones del Estado, y la asistencia y gasto en políticas sociales.

3.- Impuestos sobre más materias pero menos fuertes.

4.- No intervenir en los tipos de interés, que se regulen por el mercado.

5.- Bajar el valor de la moneda para competir mejor vía exportaciones.

6.- Reducción de aranceles, en exportaciones e importaciones.

7.- Facilitar en todo lo posible la entrada de capital exterior.

8.- Venta de compañías públicas, lo que permite la entrada de capital y una dirección privada, más eficiente, y eliminación de los monopolios.

9.- No intervenir en la economía por parte de los países.

10.- Respeto a la propiedad privada, lo que además incentiva la inversión y seguridad extranjera.

Este decálogo se crea en el marco del Consenso de Washington, por el escenario mundial de sucesivas crisis económicas, dónde EEUU y Gran Bretaña pretenden realizar cambios en la estructura de los mercados para evitar posteriores crisis económicas.

Burgaya apunta que se pretendía globalizar el modelo capitalista de estos países, adaptándolo a las economías emergentes y que no cayeran en la órbita del comunismo, y evitar el acceso del mismo a mayores mercados y recursos. El inminente crecimiento de los países pobres abría nuevos mercados y vías de negocio, lo que suponía mayores oportunidades para las economías capitalistas frente a las comunistas o más proteccionistas. Para conseguir el apoyo de estos países, EEUU comenzó a operar en América del Sur, financiando o apoyando mediante venta de armas o militarmente a los grupos más afines, que pretendían acceder o perpetuarse en el poder en esos países, asesorados por EEUU, para establecer economías basadas en el capitalismo liberal. También se trató de persuadir a los círculos de pensamiento más selecto, mediante universidades estadounidenses, influenciándoles con ideas liberales, que pudieran generar vientos de cambio en sus países de origen. Esta influencia también se produjo mediante el establecimiento de instituciones a nivel internacional como el Fondo Monetario Internacional (FMI), el Banco Mundial, Banco Interamericano de Desarrollo, que otorgaban financiación siempre y cuando se mantuvieran los comportamientos deseados por estos países.

Estas acciones por parte de EEUU, en la opinión de Burgaya, no obtuvieron los efectos deseados. Se sucedieron varias crisis en América, México 1994-1995, Brasil 1999, Ecuador 2000 y Argentina 2001-2002. La privatización de las instituciones públicas generó unos efectos muy perjudiciales para la sociedad. La producción de bienes y servicios sin que tuviera que ver con las costumbres fabriles de algunos países, y la ausencia de rigor en la elaboración y venta de los productos, supuso una caída de los beneficios, sobre todo en Nicaragua, Guatemala, Colombia y Brasil. Las desigualdades sociales aumentaron mucho en estos años, siendo en el continente americano 18,7 veces mayor el salario del 20% que más cobraba con respecto al 20% que menos cobraba, mientras que en el mundo esta proporción es el 7,1 mayor. En Asia los países emergentes también se plegaron a las exigencias del FMI, y se produjo una gran especulación que culminó con una gran crisis en 1997-1998. La inversión exterior estaba respaldada por el Consenso de Washington, pero la economía financiera no se correspondía con la real y la burbuja estalló. Pr ello el

G/ intervino, ajustando disposiciones más moderadas, para eliminar el proteccionismo de estos estados. Rusia, y otros países con un elevado grado de autarquía, querían amoldarse a los postulados del Consenso de Washington, y generaron grandes entradas de capital, pero las condiciones impuestas hicieron caer la productividad de Rusia hasta el 50% de su PIB. Además las instituciones fueron privatizadas y compradas a precios bajos por antiguos líderes comunistas que se convirtieron en grandes propietarios. Este consenso también influencio el Tratado de Maastrich en la UE. El Banco Central Europeo posee unas competencias más limitadas que la Reserva Federal de EEUU, interesadamente, para controlar en Europa, la inflación, el déficit y la deuda pública.

El gobierno liberal-conservador de Margaret Tatcher y Ronald Reagan

Burgaya expone que el comercio global se convertía así en el motor del desarrollo de los países a nivel mundial, lo que provoca desigualdades salariales notables. Si los estados no controlaban la inversión, se produciría según el FMI, un aumento de la misma elevando el progreso y la riqueza, permitiendo sustituir el ahorro por inversiones en actividades mas productivas. El liberalismo económico se vio impulsado por los gobiernos de derechas de Margaret Tatcher en Gran Bretaña y Ronald Reagan en EEUU en los ochenta. Mezclaban liberalismo económico, acotando el reparto de la riqueza entre la población, con conservadurismo ideológico protegiendo las tradiciones de culto, familia y trabajo, manteniendo una gobierno dominante y en algunos casos agresivo. Ambos gobiernos, muy patrióticos, se aliaron contra la URSS, para decantar la balanza a su favor en la Guerra Fría, con políticas basadas en un Estado fuerte y una economía fundamentada en la oferta. Gran Bretaña debilitada en el siglo XX por la pérdida de su imperio y su productividad, salvo una ligera recuperación en las décadas de los cincuenta y sesenta, habían hecho perder su hegemonía política en el mundo. En los grupos conservadores existía una sensación de laxitud y falta de firmeza en el gobierno, y Tatcher podía captar esa parte del electorado por poseer fuertes convicciones morales tradicionales, pensamientos contra el socialismo, y contra el ala menos conservadora de grupo político. Esto rompía con la forma de hacer política de muchas décadas anteriores, dónde se buscaba la alternancia y los pactos bipartidistas. Aumentó el poder de las fuerzas del orden, oprimiendo fuertemente las huelgas, triunfando contra el sindicalismo y los movimientos de izquierdas, y teniendo la misma actitud belicista en la Guerra de las Malvinas. También apostó por un Estado más centralizado. Trató de controlar la subida de precios mediante la emisión dineraria, al principio de su gobierno, mientras dejaba de controlar los salarios y beneficios de las empresas. De esta manera creció la inversión en acciones, convirtiéndose las finanzas en el primer motor de la economía, por delante de la producción de bienes. En la Bolsa de Londres, se eliminaron normas de comportamiento, para incentivar los movimientos financieros. También se privatizaron empresas del país, argumentando que era más eficaz la dirección privada que la pública. Esto supuso la eliminación del resultado negativo del balance de cuentas del Estado, y la reducción de los débitos. Además supuso que gran parte de la población británica invirtiera en bolsa, participando e involucrándose en este sistema, muchas veces por decisión propia, y otras por pago de las empresas, llegando a 12 millones de personas en 1990.

Reflexiona Burgaya que los resultados fueron la desconcentración del capital, y aumentaron en un 67% las personas que poseían una casa, disminuyó la afiliación sindical, que era uno de los objetivos de Tatcher, para poder acometer las reformas con una menor oposición. La bajada de impuestos directos benefició a las rentas medias y altas sobre todo, y permitió que el aumento de capitales sirviera para recaudar más, consiguiendo beneficios. Se produjo un crecimiento del PIB en torno al 3% anual, pero con unas tasas de paro altas, y con desequilibrios regionales crecientes. La agresividad de los colectivos más desfavorecidos que crecían en número, se frenaba con el aumento del gasto en policía. Aún no teniendo Gran Bretaña una tradición de elevado gasto social público, se disminuyó más aún. El índice de pobreza llegó a ser del 30%. Gran Bretaña participó con EEUU en todas sus incursiones militares. La conquista de las Malvinas reforzó su imagen dura. Apoyó la unión económica europea defendió la separación política. Esta forma de hacer política se convirtió en el modelo liberal-conservador. Reagan en EEUU realizó políticas similares aunque sin desmantelar tanto cómo en Gran Bretaña el Estado social, ya que no se había construido tanto. Aplicando estas fórmulas no consiguió reducir el balance negativo de la hacienda pública, y mantuvo unas tasas de desempleo elevadas. También se controlo el precio del petróleo con los recursos propios lo que favoreció una cierta independencia del exterior, pero por el contrario se produjo la liberalización de los mercados, y la disminución de impuestos, dado que según la "curva de Laffer" había determinado tramo en el que la bajada de impuestos suponía la subida de ingresos. Duplicó el gasto militar en los años de la Guerra fría lo que aumentó su deuda enormemente, sumado al déficit ya existente, lo que suponía la mitad del PIB, y que trajo consigo la disminución del gasto de asistencia pública y social. Los sectores productivos cayeron en decadencia, en parte por la competencia de países emergentes. Aumentó también el número de personas pobres, sobrepasando los 32 millones.

Suecia, modelo de Estado de Bienestar

Manuel Sánchez de Dios, manifiesta que en Suecia, el Estado de bienestar se expandió de forma apresurada después de la Segunda Guerra Mundial. Entre 1950 y1980, la tasa de gasto en el sector público se elevó del 24% al 62% sobre el PNB, de lo cual el 60% fue destinado al financiamiento del gasto social. Después de la guerra, se implementó en varias etapas una política intensiva y universal en cuanto a la prestación de servicios sociales, como indica S. E. Olsson. Además de proyectos de trabajo y vivienda, en la misma época, se destinaron fondos para subsidios por incapacidad laboral, pensiones básicas y asistencia a la infancia. Entre 1950-59, se introdujeron las pensiones de jubilación, supervivencia o incapacidad que complementan o sustituyen a las del seguro público obligatorio, calculadas según las escalas de rentas salariales. Entre 1960-69, se ampliaron los servicios públicos en los sectores de salud y educación. A partir de 1970, el nivel de las prestaciones ha ido progresando con recorrido de rentabilidad favorable y expandiendo los derechos de las mismas.

Las agrupaciones sindicales suecas son organismos fuertes, concentrados y reciben gran apoyo, lo que posibilitó los convenios corporativos. El 90% de los obreros están afiliados a su gremio (LO) y el 60% de los profesionales asalariados al suyo (TCO). Asimismo las organizaciones empresariales tienen un régimen centralizado (SAF) y, desde 1930, consiguen acuerdos sociales con los sindicatos. Estos acuerdos corporativos han sido relevantes para que Suecia se convierta en un claro modelo de Estado de bienestar producto del vigor sindical de la clase trabajadora, como afirma Pierson, y el principal soporte de este Estado de bienestar ha sido su estrecho vínculo con los Gobiernos Socialdemócratas. Según O. Ruin, es posible explicar la situación sueca por la estabilidad del sistema de partidos y la predominancia de modelos gubernamentales socialistas, pues, desde los años 30, los gobiernos suelen ser dirigidos por el partido socialdemócrata que suele obtener alrededor del 45% de los votos. Las excepciones fueron los periodos 1976-82 y 1991-94, durante los cuales el socialismo no tuvo participación en el Gobierno

Para T. Tilton, entre los fundamentos en los que se ha basado la cultura socialdemócrata que predomina en Suecia, están la concepción de O. Palme de democracia integral, la que debe también involucrarse en la organización social y económica del país, y la Hanson, llamada folkhemmet, que considera que el Estado es el hogar del Pueblo, vinculadas con los principios acordados en la toma de decisiones. Asimismo se ha basado en la idea de una relación directa y estrecha entre la eficiencia económica y la igualdad social propuesta por G. Mydral, según Tilton, y la idea de Erlander, de que el desarrollo del sector público posibilita aumentar la libertad y la seguridad de los habitantes, sostiene Ruin.

Manuel Sánchez de Dios afirma que la concepción de la socialdemocracia sueca tiende a fomentar el mercado de trabajo para lograr rentabilidad y eficiencia económica; pero, además, apoya adoptar una política salarial que vele por los intereses de todos, para lo que requiere cierto control social sobre dicho mercado. Esto se lleva a cabo por medio de negociaciones colectivas centralizadas que han resultado en el consentimiento de los gremios de aceptar recortes o limitaciones salariales a cambio de ocupación laboral total y del Estado de bienestar.

G. Rhen y R. Meidner proyectaron así un modelo económico expansivo keynesiano para establecer una economía abierta y reducida pero a la vez competitiva y eficiente, basado en la regulación de salarios y control fiscal, y concentrar los recursos en sectores de alta capacidad productiva. Esto produjo una modificación estructural el mercado de trabajo, sumado a los cambios tecnológicos y la mayor competitividad económica. Se intentaba que hubiera alta productividad, pero al mismo tiempo que se lograra lo que, se denomina "desmercantilización laboral"[4], lo que implicó que las empresas no competitivas se fueran excluyendo a causa la implementación de programas de reemplazo de trabajadores, re-

---

[4] Esping-Andersen

cualificación profesional y generación selectiva de empleo. Esto disminuía el temor de los trabajadores a perder su empleo.

Según Clayton y Pontusson, la base del Estado de bienestar es un modelo económico tendiente a lograr el pleno empleo, rasgo principal de la política económica sueca. El caso sueco se caracteriza por tener la tasa más elevada del mundo, 80%, de intervención de mujeres en el mercado laboral, debido principalmente, a que los servicios sociales intensivos son llevados a cabo por mujeres. Y esto, para Esping-Andersen, ha hecho efectiva la igualdad entre el hombre y ha minimizado la pobreza en familias monoparentales.

Manuel Sánchez de Dios entiende que el Estado de bienestar en Suecia se distingue porque su secuencia de desarrollo ha sido inversamente con respecto a otros casos. Primero se llevaron a cabo las negociaciones colectivas y, según el éxito de éstas, luego se implementaron las políticas de redistribución; es decir, los servicios prestados por el Estado han sido resultado de una economía exitosa. En 1976, y a causa de la primera crisis económica del petróleo surgida en 1973, los socialistas no obtuvieron mayoría en el gobierno, según Heclo y Madsen, se tomaron varias decisiones equivocadas como, por ejemplo, subsidiar a las empresas. El partido socialista retoma el gobierno en 1982, pero la crisis se había profundizado, con gran tasa de desempleo, inflación y altos niveles salariales, y se empezaron a cuestionar los fundamentos del Estado de bienestar sueco. Algunos liberales y conservadores como G. Hecker, proponían privatizaciones y retroceso del Estado de bienestar, desregulación y fortalecimiento del mercado. Pero el ministro de economía socialista Feldt adoptó medidas como la supresión de los subsidios a empresarios, la reducción de gasto público, restricciones salariales, desregulación de los mercados y devaluación de la moneda. Hacia 1985 la demanda internacional se aumentó y se redujeron el desempleo y el déficit y se implementaron reformas importantes como la reducción a la mitad del impuesto a los que percibían rentas más elevadas, en 1989.

En 1991, otra crisis produjo un cambio de gobierno, según Manuel Sánchez de Dios y se implementó una estrategia conservadora cuyo objetivo principal fue disminuir el poder de los gremios. Para ello, el sector empresarial decidió, terminar con las negociaciones colectivas. Este Gobierno reglamentó la privatización de parte de los servicios, comenzó a financiar parcialmente la Educación privada así como las guarderías. Para 1993, la tasa de desempleo había alcanzado el 12,5% con un gasto social del 40% sobre el PNB. En 1994, los socialistas retomaron el poder, y sostuvieron los cambios en las prestaciones de servicios pero como afirma Kuhnle, la naturaleza proteccionista del estado se ha mantenido. Este Gobierno también apoyó los recortes en las pensiones, desempleo y subsidio por enfermedad, como sostiene Stephens. El 1998, se introdujo una reforma en las pensiones, convenida por una alianza de partidos socialdemócratas y no socialistas, apoyados por el sector sindical, que deja establecida una relación entre la cantidad de servicios percibidos y las contribuciones realizadas y el sistema pierde gran parte de su carácter re-distributivo, según Anderson.

También se introdujo una reforma significativa durante este Gobierno, en opinión de Sánchez de Dios, en cuanto al seguro de desempleo, le devolvieron la administración de las prestaciones a las organizaciones sindicales e incrementaron el gasto en la política activa del mercado laboral. Según Kuhnle, el Estado de bienestar en Suecia se ha sostenido, desde sus comienzos, como un sistema de polarización de clases sociales, y el fundamento del crecimiento positivo de las políticas socialdemócratas que continúan, es la relación de retroalimentación entre el Gobierno y los sindicatos.

A pesar de que ha habido grandes reformas, Lindbom sostiene que Suecia en el siglo XXI, sigue siendo un Estado de bienestar. Y que, según Anderson, los sindicatos y el Gobierno socialdemócrata siguen siendo los actores principales en dicho Estado. Y, como afirman Clayton y Pontusson, las reformas introducidas en el caso sueco, se consideran una respuesta al sector empresarial o de trabajadores del sector exportador de la economía multinacional; y, por otro lado, aportan mejoras al modelo. No obstante, El Estado de bienestar sueco cuenta con un legítimo y gran aval de la población, por lo que los cambios son complejos.

Los partidos de centro político

Burgaya observa que en los años noventa, continuó predominando el neoliberalismo en EEUU y gran parte de Europa, los socialdemócratas, si querían adquirir protagonismo debían renovar su discurso, observando la baja eficiencia del modelo social europeo, y renovando las políticas asistenciales. Tony Blair ascendió al poder en 1997 y procuró cambiar el laborismo británico. Se centro en la defensa de la clase media, y no se preocupó de favorecer a las rentas más bajas y sólo preocupado por asistir a las personas con mayor riesgo de ser excluidos de la sociedad. Sus políticas se basaron en favorecer el desarrollo de los mercados, bajar impuestos, frenar la subida de precios, incentivar la iniciativa privada eliminando normativa, aumentar la flexibilidad del mercado laboral y apostar por la economía financiera, acercándose a políticas neoliberales. Fijó un salario mínimo pero dificulto el acceso a la prestación por desempleo, y no era partidario de un elevado gasto público ya que generaba mayores pagos en contra del interés general. Cómo hizo Bill Clinton, se situó entre los dos partidos más importantes, y mientras se peleaban entre ellos, surgió de una posición entre los dos. Independizó el Banco de Inglaterra y permitió que actuara con menores cortapisas incluso que Wall Street. A partir de su segundo mandato mejoró los servicios de salud notablemente deteriorados por la etapa anterior manteniéndolos en una calidad media-baja, al tiempo que aumentaban los hospitales y clínicas privados y concertados que poseían una alta calidad. Según Blair: "se ocupaba de los valores tradicionales de un mundo que había cambiado" y la nueva política necesitaba "una nueva comunidad con un modelo nuevo de ciudadanía", Bill Clinton aplicó políticas similares en EEUU, realmente liberal-conservadoras, pero con algunos giros hacia el progresismo moderno. También optó por mantener la moneda de su pais mientras los demás se preparaban para el cambio al euro. Se infló una pompa por la especulación financiera que facilitó su gobierno. Clinton en EEUU de 1993 a 2000, tomó medidas para mejorar la educación y sanidad pública, descentralizar el poder, bajar impuestos, mantener los precios bajos, y haciendo crecer el PIB y reduciendo el déficit Estatal. Esto animo la inversión exterior e interior, creando 22 millones de empleos. La eliminación de control de bancos y especulación también hizo crecer una burbuja en el ladrillo y los valores bursátiles y productos bancarios, aumentando su peso en el PIB, lo que desembocó en la crisis que en 2008, iniciada con la bancarrota de Lehman Brothers. Los préstamos al consumo ciudadano crecieron, lo que facilitó alimentar la burbuja de la construcción, al no regularse los préstamos bajo unas condiciones mínimas, acabaron afectando a los bancos por el crecimiento de impagos. Las voces de muchos economistas advirtiendo sobre el peligro para la economía fueron desoídas. La situación guardaba similitudes con lo acontecido en 1929. La banca puso a la venta nuevas fórmulas a partir de los productos anteriores, que recibían interés según el interés generado por productos clásicos. Warren Buffet, inversor financiero, advirtió del peligro que suponían para la economía financiera y posteriormente para el resto de la economía. Aparecieron seguros para los bancos sobre los préstamos otorgados a empresas. George Soros, un gran magnate de fondos de cobertura, explicó que la falta de pagos de unos y otros, hagan caer la burbuja como un castillo de naipes. George W. Bush continuó manteniendo este modelo.

Comenta Burgaya que el centralismo político también acabó llegando al poder en Alemania en 1998, Con Schröeder presidiendo el SPD, en coalición con el Partido Verde. Se realizaron las iniciativas de ir suprimiendo la energía nuclear reemplazándola mediante financiación por energías renovables. Tomó medidas sociales como la legalización del matrimonio homosexual, o la regulación de los inmigrantes ilegales. Asimismo disminuyó la inversión en sanidad, pensiones y prestaciones por desempleo. Flexibilizó el mercado de trabajo, incentivando los contratos de prácticas y de tiempo parcial. Disminuyeron los impuestos que gravaban el consumo y aumentaron los que gravaban la renta. La igualdad de las votaciones entre el SPD y la CDU, supuso el ascenso al poder en 2005 de la democristiana Angela Merkel. En Francia, la derecha ocupó el poder desde los 90 hasta mediados del 2000, salvo en el período 1997-2002, gobernado por el socialdemócrata. A pesar de su signo político privatizó France Telecom, Air France, Matram Credit Lyonnais y AGF, pero también aplicó iniciativas activas de empleo que supusieron acabar con buena parte del paro, amplió los supuestos que cubría la sanidad, e implantó la jornada laboral semanal de treinta y cinco horas.

En el caso español, las políticas centralistas llegaron al poder en 2004 con Jose Luis Rodríguez Zapatero, encabezando el gobierno del PSOE. Ya habían gobernado de 1982 a 1996 con Felipe González, y procuraron aplicar políticas sociales cumpliendo las exigencias para entrar en la UE. El Estado de bienestar en España se desarrollo tarde, y se había construido de forma incompleta con la llegada del liberal-conservador José María Aznar al poder en 1996, que realizó políticas que liberaban el mercado y eliminaban normativa, como en el resto de países en los que ascendían al poder partidos de esta corriente de pensamiento político. Se hicieron urbanizables una gran cantidad de terrenos, y se inflaría la pompa del ladrillo, incentivando un rápido ascenso económico, ayudado por los bajos intereses de los préstamos. Este crecimiento urbanístico se produjo sobre todo en la costa mediterránea y en Madrid. Este crecimiento en parte especulativo afectaría posteriormente, al desinflarse, a la morosidad y en consecuencia a los bancos. El gobierno de Zapatero no evito que creciera la especulación del ladrillo. Se aprobaron normas sobre matrimonio homosexual, aborto, legalización de inmigrantes e igualdad de género. Cuando estalló la crisis inmobiliaria, procuró aumentar el gasto público como sostenía Keynes, ara poder volver a generar sinergias laborales y económicas. Poco después plegó sus políticas a las de austeridad que se pedían desde Europa.

Burgaya entiende que la nueva socialdemocracia o partidos de centro, se desmarcan del conservadurismo en reformas sobre derechos sociales, pero no tanto en aspectos económicos. Tony Judt sostiene que la idea de Estado de Bienestar, ya no era tan atrayente para la población, por que los países no eran capaces de llegar a cubrir todas sus necesidades. El paro, la subida de los precios, la edad media cada vez más alta de la población, y la desaceleración, complicaban estos objetivos. También la expansión de los mercados financieros, la apertura de los mercados a nivel internacional, todo ello facilitado por los progresos de la técnica en las comunicaciones, creaban problemas a los países para hacer planes y una dirección de su economía eficaces. Que el país intervenga en la economía, iba dejando de convencer a gran parte de la población que veían que sus rentas estaban gravadas por impuestos más altos. A las rentas intermedias empezaba no serles tan útil este modelo.

Desde el punto de vista de Burgaya entendiendo que se considere el modelo del Estado de bienestar como beneficioso, éste se ha de adaptar a los cambios sociales, para mejorar su eficiencia en la dirección y su eficacia en el reparto de los bienes estatales, hay que implantar evaluaciones y control para que las medidas que se van a tomar, supongan mayores beneficios para la sociedad en general, que los costes que a esta la generan. En algunos casos hay prestaciones que pueden desincentivar a los perceptores cómo recibir el subsidio de paro, que hace que los desempleados tarden más en buscar un empleo o no acepten empleos por menos de un determinado salario. Puede beneficiar realizar más políticas activas de empleo, y aumentar la flexibilidad laboral sin llegar a la explotación, que mantener los subsidios, y también terminar con la segmentación laboral que supone la enorme diferencia de derechos entre trabajadores fijos y temporales.

Observa Burgaya que las huelgas por la disminución de gasto en prestaciones ciudadanas, han sido para defender más los derechos y privilegios adquiridos de los trabajadores públicos e indefinidos, que para preservar el Estado de bienestar, amparados por los sindicatos, dado que entre estos trabajadores se encuentra la mayoría de los que pagan cuotas sindicales. Las pensiones, una de las características más importantes del Estado de bienestar, se ven afectadas por el envejecimiento de la ciudadanía, dado que hay menos población en edad de trabajar, y más cada vez en edad de recibir una pensión por jubilación, Antes estas prestaciones solían durar menos años, ahora se percibe una media de aproximadamente veinte años, quizás es factible plantear el incremento de las cotizaciones y de la edad de jubilación. Los inmigrantes son una vía que al menos en parte, contribuye a solucionar el problema. Los hospitales y clínicas del Estado, también reciben más demanda con este envejecimiento poblacional, con lo que aumenta el gasto sanitario y en personas dependientes.

El hecho de que se vea que las pensiones, tras el paso de los años serán más difíciles de abonar, salvo para sobrevivir, ha impulsado el negocio privado de los planes de pensiones bancarios. Mientras tanto muchas personas acceden a las prejubilaciones, hecho que choca con querer mantener más personas ocupadas para mantener el sistema de seguridad social y prestaciones, así cómo las dificultades de acceso al mercado laboral de los jóvenes. Desde muchos sectores se sostiene que la dirección de las instituciones públicas es poco eficiente, consiguiendo mejores resultados la privada. También normalmente es la antesala de la privatización o concertación. Esta dirección puede tener dos consecuencias, ser más costosa para el país o de menor calidad para los usuarios. En la forma de estado de los países ingleses, la cobertura social es escasa, dólo para las rentas más bajas, y mantiene desigualdades ciudadanas. Para frenar la demanda abusiva de los bienes y servicios públicos, el pago compartido de ciudadanos y Estado, puede cumplir ésta función siempre que no sea abusivo y usado más para la financiación del Estado. El debilitamiento de la familia tradicional y la querencia cada vez mayor del beneficio individual e inmediato hace que el estado de bienestar posea menos adeptos cada vez.

Afirma Burgaya que cuando el Estado de Bienestar ha funcionado a pleno rendimiento, si ha tenido eficiencia económica, cuanto mayor ha sido su desarrollo, y ha sido eficiente en la cimentación de que los diferentes colectivos posean una mayor igualdad e integración. El

Estado de Bienestar no supone un pago, se trata de invertir en una sociedad para tener beneficios, que se pueden medir económicamente. En el contexto actual de crisis económica el Estado de bienestar se recorta las prestaciones sociales, para minimizar la deuda y el déficit, al contrario que en el keinesyanismo, que se aumentaba el gasto público como motor que generaría mayor consumo y aumentaría la producción de más y diferentes bienes y servicios. No se esta destruyendo el Estado de bienestar, pero no se reformula, la flexibilidad laboral aumenta, las pensiones y prestaciones disminuyen o se mantienen, y caminamos hacia el mantenimiento del mínimo necesario para sobrevivir. Mientras las socialdemocracias tan sólo frenan el avance de los recortes.

Beneficios y desventajas del estado de bienestar por Álvaro Espina (coordinado)

Beneficios del estado de bienestar:

- Con un Estado de bienestar completo, la demanda se extiende a toda la ciudadanía y se mantiene en el tiempo. Los desequilibrios entre la población se reducen, y el gasto en consumo es regular, lo que favorece el desarrollo económico.

- Permite que haya una estabilidad institucional, que los organismos del Estado obtengan más simpatizantes entre la ciudadanía. Así se aminora el gasto en conflictos de la población, y al disminuir estos, también se reduce "la delincuencia, la violencia y la inseguridad ciudadana"[5] que surgen más en poblaciones con mayores desigualdades sociales.

---

[5] Estado de bienestar y competitividad, Álvaro Espina, 2007

- No permite la competición empresarial mediante la reducción de la retribución del factor trabajo, y hace que el empresario desarrolle otras formas de competitividad, cómo por ejemplo en tecnología, lo que también es un motor económico con mayor dinamismo.

Desventajas del Estado de bienestar:

- Financiación por altas cagas impositivas, que inciden en el ahorro o en el capital, y hacen disminuir las inversiones, ralentizando la economía.

- Altera el punto de equilibrio de los mercados, haciendo que haya sobre-costes, y pérdida de eficiencia productiva.

- Al ofrecer unas mejores condiciones de vida a los ciudadanos, algunas de éstas producen un freno a la flexibilidad laboral. Esto puede suponer una limitación a la expansión económica.

- Puede desincentivar la inversión privada, por suponer un coste extra a la inversión realizada.

Conclusiones

Podemos observar diferentes tendencias históricas en los estados de bienestar, sobre todo una tendencia más hacia un Estado de bienestar que protege al conjunto de los ciudadanos más en la Europa occidental continental, y un modelo anglosajón más preocupado por los intereses individuales.

Nos encontramos con una relación negativa entre la competitividad y el desarrollo de los mercados y la productividad, y la igualdad y redistribución de la riqueza en el conjunto de la población.

También hemos advertido que las situaciones de crisis salvaje, deuda y malas condiciones de vida para los ciudadanos, en varios casos conlleva la ascensión al poder de gobiernos absolutistas y autoritarios, de signo político diverso, y/o a revueltas sociales de carácter violento con gobiernos más extremistas.

Por tanto parece razonable pensar que es óptimo encontrar un punto intermedio entre la liberalización total de los mercados, y la protección de los trabajadores, dónde todos posean un mínimo de prestaciones, algo más allá de la mera supervivencia, sin llegar al menoscabo de la iniciativa de la inversión privada o del deseo de la ciudadanía a trabajar, en caso de ser prestaciones muy elevadas, y no llegar a desigualdades extremas, lo que suele producir malestar, seguida de violencia y revueltas ciudadanas en caso de ser muy bajas.

Primero la economía productiva de bienes y servicios y después la economía financiera y su falta de control por los agentes económicos y los estados, ha generado numerosas crisis mundiales, por lo que interesa poner freno a la especulación salvaje que aumenta más con la tendencia histórica hacia un mundo más global, con mayor capacidad de información de los mercados por parte de los operadores comerciales y financieros, debiéndose tener unos mecanismos de control adecuados para el buen funcionamiento del capitalismo.

También se produce un cambio en los mercados laborales que requieren cada vez una mayor adaptación al cambio del individuo, siendo los estados los que deban facilitar mayor seguridad en el empleo, dado que en el puesto supone una mayor dificultad, siendo las necesidades productivas y el avance de la técnica cada vez más cambiantes.

Además las sociedades cada vez tienden hacia un mayor individualismo, y no es tan popular redistribuir la riqueza tan igualitariamente en los últimos periodos que en épocas anteriores, por lo que los gobiernos cuanto más se acercan a la actualidad, más deben ajustar la dotación de servicios y prestaciones para contentar a los ciudadanos sin una carga impositiva muy elevada para la población y teniendo en cuenta también las preferencias de mayor o menor grado impositivo que redunden en prestaciones sociales que cada ciudadanía considere más adecuado según su cultura y necesidades.

Bibliografía

El Estado de bienestar y sus detractores, Josep Burgaya, 2013

Estado de bienestar y competitividad, Alvaro Espina, 2007

El Estado Social, Ignacio Sotelo, 2010

Estudio comparado de" path dependence" del Estado de bienestar en los casos de USA, Suecia y España, Manuel Sanchez de Dios, 2004

Redes familiares, género y política social en España y Francia, Constanza Tobío, 2008

www.ingramcontent.com/pod-product-compliance
Lightning Source LLC
Chambersburg PA
CBHW071330310526
45789CB00017B/2163